Mira y aprende

por Layne deMarin

Tabla de contenidos

Consultora:
Adria F. Klein, Ph.D.
California State University, San Bernardino

capstone
classroom
Heinemann Raintree • Red Brick Learning
division of Capstone

Mira bien

Los científicos aprenden mucho con tan solo mirar el mundo. Observan como se mueven los animales, como cambia el clima y que ocurre durante una inundación.

Esta científica está observando las aves. Puede mirarlas sin asustarlas porque usa **binoculares**. Los científicos usan otras herramientas especiales para poder ver de cerca.

El espacio

Los binoculares no son lo suficientemente potentes como para que los científicos puedan ver lo que hay en el espacio exterior. Las estrellas y los planetas están a miles, hasta millones, de millas de la Tierra. Para ver en el espacio, los científicos tienen que usar **telescopios**.

Esta es la Luna. Así se ve cuando la miras a través de un telescopio. De esta manera, puedes ver más detalles.

Así se ve una estrella nueva cuando se está formando. Esta estrella está muy lejos de la Tierra. Los científicos usaron un telescopio espacial para tomar esta fotografía.

Los científicos envían al espacio telescopios y cámaras especiales en máquinas como esta. Los telescopios y las cámaras envían fotografías de vuelta a la Tierra. Así, los científicos pueden ver cómo son las cosas en el espacio exterior.

Las cosas pequeñas

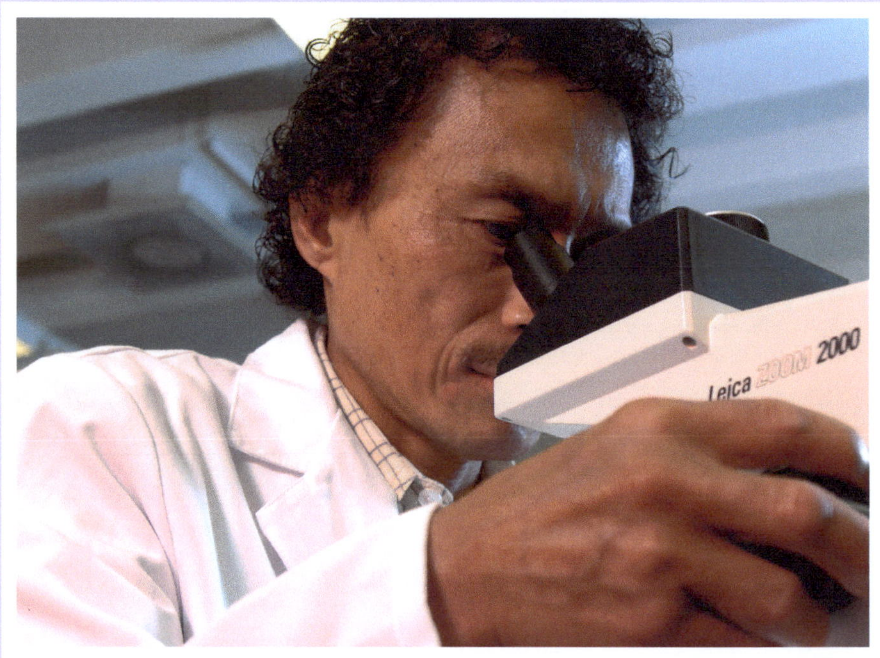

Algunos científicos estudian las cosas más pequeñas del mundo. Los binoculares y los telescopios no sirven para eso. Los científicos usan un **microscopio** para ver más grandes las cosas pequeñitas.

Con un microscopio, los científicos pueden ver muy de cerca el ala de una mariposa. Así se dan cuenta de que el ala no es lisa, sino que está cubierta de escamas.

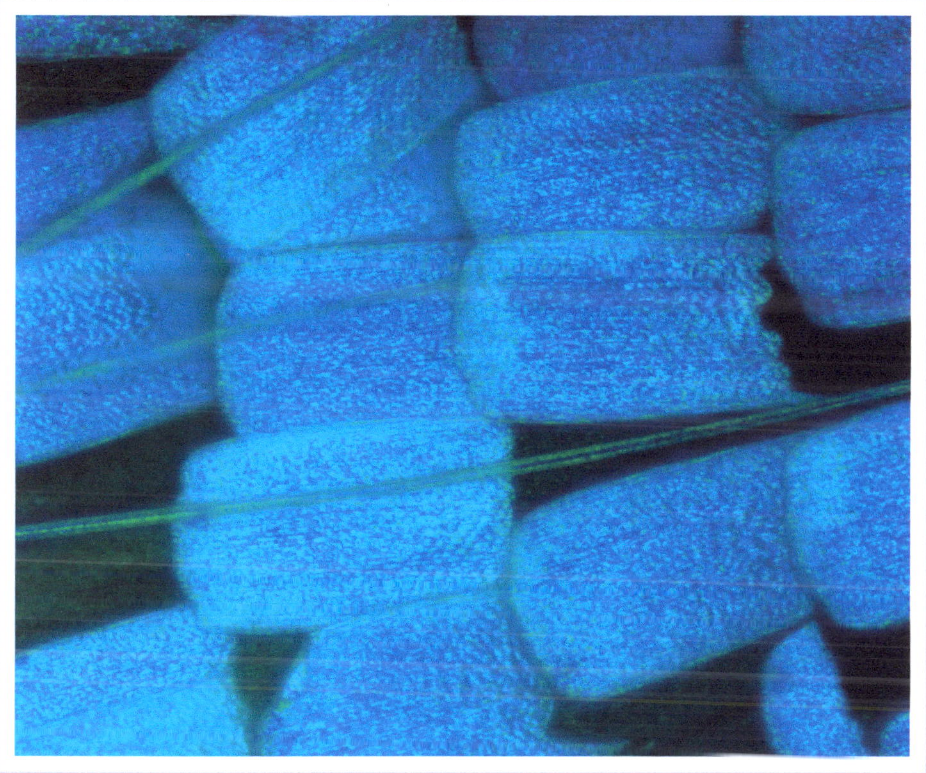

Mira este estanque. Tus ojos pueden decirte algunas cosas de este estanque que son ciertas. Los científicos usan un microscopio para averiguar mucho más acerca del agua del estanque.

Estas son **algas**. Viven en el agua del estanque. Las puedes ver a través de un microscopio. En una sola gota de este agua, viven millones de algas. Hacen que el agua del estanque se vea verde.

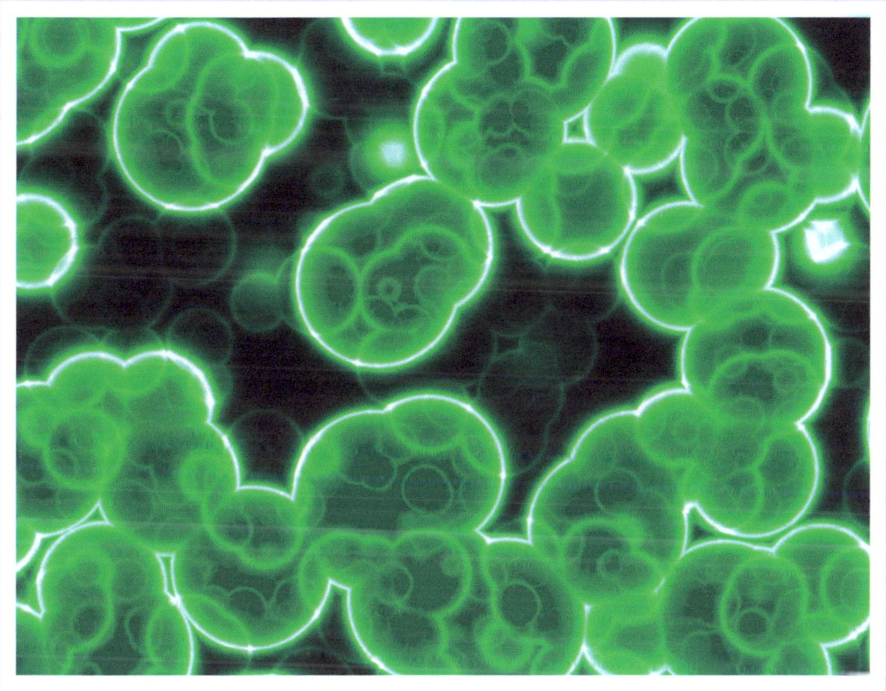

Por dentro

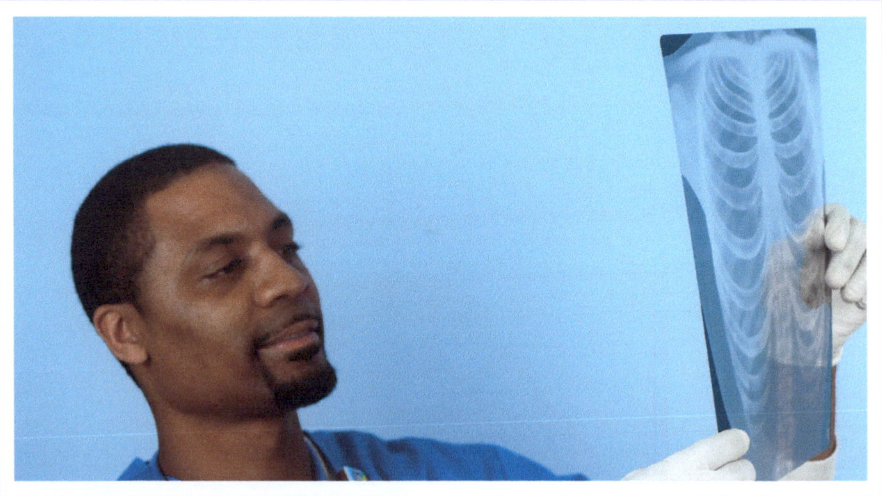

Los doctores son científicos que aprenden sobre cómo funciona nuestro cuerpo. Ellos ayudan a que las personas estén sanas porque comprenden lo que les sucede dentro del cuerpo. Una manera de hacer eso es con un aparato de **rayos X**.

Otra herramienta que usan los doctores es la **máquina llamada IRM**. Esta máquina da una visión diferente del interior del cuerpo de una persona.

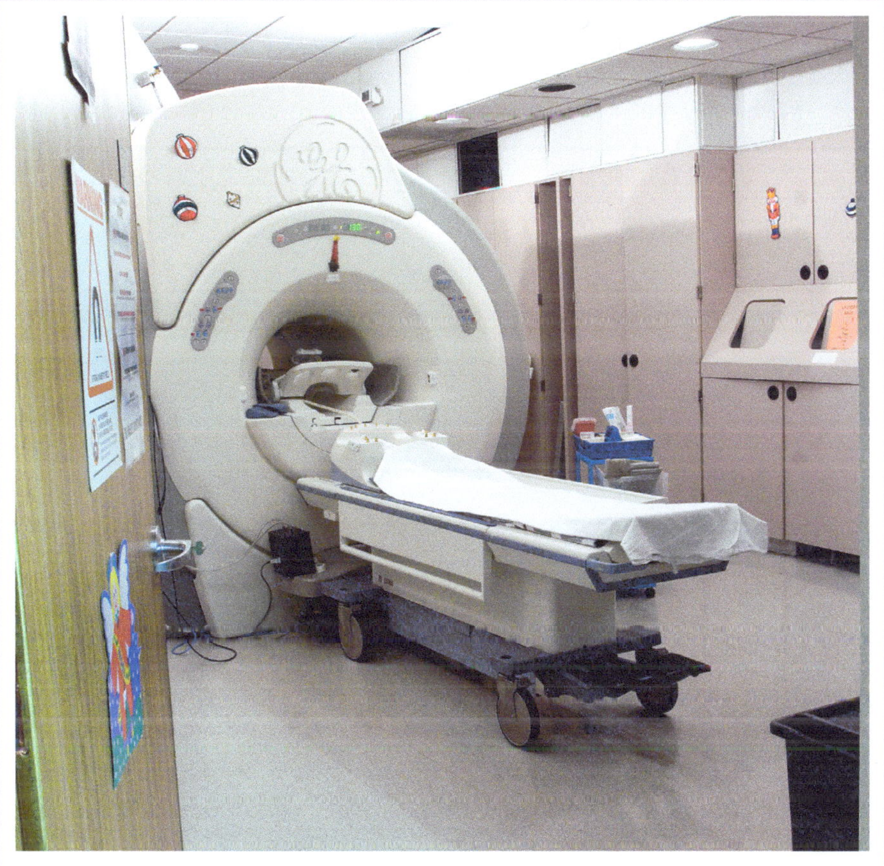

El mundo

Tú puedes pensar y explorar como los científicos. Puedes mirar el mundo con atención para saber más acerca de cómo funciona. Igual que un científico, tú puedes aprender usando una computadora.

Puedes hacer experimentos científicos. Puedes observar lo que sucede. Después puedes compartir lo que hayas aprendido. ¡Puedes mirar y aprender!

Glosario

algas	plantas pequeñas sin raíces ni tallos, que crecen en el agua
binoculares	herramienta por la que se mira con ambos ojos para que cosas lejanas parezcan que están más cerca
máquina para IRM	herramienta que permite a los doctores ver dentro del cuerpo humano
microscopio	herramienta por la que se mira con un solo ojo para que cosas pequeñas parezcan más grandes
rayos X	haz de luz invisible que se usa para tomar fotografías de cosas que están dentro del cuerpo
telescopio	herramienta que hace que cosas lejanas parezcan que son más grandes y que están más cerca